ISBN: 978-91-985174-0-8

Innehållsförteckning

65+ tips till dig som är pensionär

Varför skriver jag den här boken?
Jag är ju inte pensionär. Det är
mina nyligen pensionerade
föräldrar som inspirerat mig till
att skriva den här boken, dock
utan att de vet om det. Jag vill
att de ska ha det bra, vara
sysselsätta och nöjda med sin
nya tillvaro och att alla andra som
kommit till den punkten i livet när
man slutar jobba också ska ha det bra.

Boken riktar sig till unga pensionärer -
det vill säga till dig som nyligen blivit
pensionär och kanske behöver lite
inspiration till ditt nya liv.

Du får gärna fylla på med dina
tips och idéer i kommentarsfältet på
bloggen:
pensionarer.blogspot.com.

Ha det så roligt!

Kapitel 01.
Familj
och vänner

01.

Kalas

Ordna kalas, middagsbjudning eller bara en enkel fika. Bjud på fest utan anledning och duka med finservisen och riktigt god mat och dryck.

Familj och vänner

02.

Bjud hem

Bjud hem en vän du inte träffat på länge, våga ta steget och lyft luren även om det var länge sen eller skicka ett meddelande. Båda blir säkert glada!

03.

Kommunens arrangemang

Kolla vad kommunen ordnar för pensionärer. Ring eller kolla på hemsidan. Du kan ofta äta lunch på servicehus och delta i aktiviteter som arrangeras där, utan att bo där. Känner du dig för ung, kan du gå dit och äta en god lunch bara ju.

Familj och vänner

04.

Lokala föreningar

Kolla lokala föreningar.
Det finns ett stort antal föreningar
som ordnar träffar och utflykter
och andra sammankomster.

Kolla PRO, SKPF och SPF.
Där kanske finns nya vänner!

05.

Barnbarnen

Bjud hem barnbarnen på fika utan föräldrar. Eller bjud dem på sushi. Låt dem ta med en kompis hem till dig.

06.

Skriv

Skriv vad du tänker!
Skriv en kokbok med dina favorit-recept. Dokumentera din kunskap som du samlat på dig under åren! Det kanske slutar med att du blir författare på äldre dar!

07

Skriv dina memoarer

Skriv ned viktiga punkter i ditt liv att ge till dina barn och barnbarn. Skriv viktiga datum, adresser där du bott och hur länge, om dina skolor du gått på, vilken kyrka ni kanske gifte er i, om semestrar och platser du varit på tidigt i livet. Detta kan vara väldigt värdefullt för dina barn! Gör en fin bok och ge bort i present och kanske flera exemplar då om du har flera barn och barnbarn och kanske till och med barn-barnsbarn.Det finns webbplatser som kan hjälpa dig på traven med detta, googla "bok till mina barnbarn".

Familj och vänner

08.

Passa andras barn

Erbjud dig att passa andras barn, inte bara egna barnbarn. Det är högst välkommet för många med små barn och mycket att göra om dagarna och kvällarna.

09.

Håll kontakten

Se till att inte tappa kontakten
med dem som berikar ditt liv.
Ett kort sms är gott nog ibland.
Sätt upp ett mål för dig själv
att ha en social kontakt om
dagen: telefon, mail eller kanske
ett handskrivet vykort.

Familj och vänner

10.

Släktforska

Kanske inte helt oväntat, men det är så enkelt att släktforska idag när man kan söka på nätet. När du kommer bak till 1600-talet är det ganska spännande. Det kanske slutar med en släktträff i Amerikat.

Länkar:
riksarkivet.se/slakt-personforskning
www.genealogi.se/for-nyborjare
www.ancestry.se/slaktforskning/
www.arkivdigital.se/slaktforskning

Familj och vänner

11.

Börja blogga

Att det aldrig är för sent visar
Dagny som är 100+ som bloggar.
Du har kanske släkt i världen som
säkert gärna vill se hur du har det.
Du kan ställa in så att din blogg
inte är offentlig.

Länk till Dagnys blogg:
www.123minsida.se/Bojan

Kapitel 02.
Aktiviteter

12.

Aktiviteter

Leta upp aktiviteter på dagtid som passar dig. Det kan vara skönt att ha en fast tid varje vecka att relatera till, som träning eller lunchträff.

13.

Gå en kurs

Lär dig hur Instagram fungerar.
Lär dig spanska.
Lär dig laga mat.
Lär dig spela gitarr.
Lär dig måla med akryl.

Aktiviteter

14.

Ta morgonpromenad

Ta med dig kaffe och gå ut tidigt när solen går upp och njut av stillheten. En ny rutin som kanske du inte såg dig själv göra innan du blev pensionist?

Aktiviteter

15.

Starta en studiecirkel

Det fina är att den kan handla om vad som helst! Det behöver inte vara knyppling eller korsord, men kan handla om hur man brygger sitt eget öl inklusive ölprovning eller hur man investerar på börsen med tips och råd till varandra. Det kan vara en diskussionsgrupp eller en bokcirkel med tema författare från Kina. Mer att läsa finns hos Medborgarskolan, ABF och Studiefrämjandet.

Aktiviteter

16.

Bo billigt
på hotell hemmavid

På vardagar har många hotell
extra bra priser på boende och
paket.

Gör en så kallad hemester
- semester hemma.

Aktiviteter

23

17.

Res!

Res när du vill. Du behöver inte
ta hänsyn till lov eller högtider när
priserna är extra höga. Du kan
även fynda en resa i sista minuten.
Om du har specifika önskemål
som att bo på första våningen,
så kontakta hotellet i förväg så
brukar de mer än gärna kunna
lösa dina behov. Res söderut när
det inte är så himla varmt. Eller
res till fjällen under sommaren.

Aktiviteter

18.

Byt bostad

Byt bostad som semester. På nätet finns smidiga webbplatser där man kan bli medlem och tillfälligt byta bostad med andra.

Exempel:
www.homeexchange.com/sv/
homelink.org/sv/

19.

Hyr en husbil

Var fri och kör just dit du känner för.

20.

Seniorrabatter

Det finns en mängd klubbar som har som uppgift att förhandla fram bra priser på allt från mat till bilar för målgruppen pensionärer.

Kolla till exempel Club 55, PRO Seniordeal.se och Smartsenior, det kostar från ingenting till några hundra kronor att vara medlem.

Aktiviteter

21.

Läs

Det finns läsplattor där du kan
justera texten till dina ögon.
Läs skönlitteratur.
Läs faktaböcker.
Läs lånade böcker.
Läs böcker du bytt till dig
i en bokklubb.

22.

Driv upp en örtagård

Bildgoogla för inspiration. Därefter kan du börja planera eller rent av bygga, beroende på vilken årstid det är.
Kom ihåg att du kan använda krukor eller bygga extra höga odlingslådor för att slippa böja dig.

Länktips:
www.pinterest.com

Aktiviteter

23.

Pinterest

Lär dig hur Pinterest fungerar.
Spara till exempel bilder på idéer
till presenter eller ställen du vill
resa till.

Aktiviteter

24.

Skaffa Facebook

Om du inte har det redan, så är det ett ypperligt sätt att hitta gamla vänner och kolleger och på så sätt ta upp kontakten igen. Du behöver inte skriva om dig själv på nätet, utan bara för att hålla kontakten med vänner via nätet.

25.

Låt slumpen välja

Låna en slumpmässigt utvald bok
Gå till biblioteket och gå på känsla:
väl slumpmässigt ut en bok och se
om det är något intressant ämne
som du inte funderat på att det
ens fanns att läsa om.

Aktiviteter

26.

En aktivitet
om dagen

En aktivitet utanför huset eller lägenheten om dagen.

Försök att boka åtminstone en aktivitet utanför huset per dag. Det är skönt att komma ut och bara se andra människor. Man behöver inte prata med någon, men det är skönt att se lite liv och rörelse ibland.

Aktiviteter

27.

Starta en alumniförening

Saknar du ditt jobb och dina kolleger? Starta en alumniförening för er som tidigare jobbat på samma företag. Man behöver ju inte vara pensionär för att vara med där, utan alla som tidigare jobbat tillsammans är välkomna - trevligt med åldersvariation. Eller kolla om det redan finns en.

Aktiviteter

28.

Skaffa husdjur

Skaffa dig sällskap som tar dig
ut varje dag i form av en hund.
En katt fungerar också och är
bokstavligen mer självgående
än en hund som ska rastas.
Det finns ju även fiskar, hamstrar
eller kaniner som kan sällskapa
och skapa sysselsättning!

29.

Skaffa Netflix

Gör som ungdomarna: stanna
inne fast solen skiner och titta på
fem avsnitt av en och samma serie
på en enda dag. Därefter kan man
även finna ny energi att hitta på
saker i verkliga livet också,
även om det finns många
bra serier!

Aktiviteter

30.

Gör oväntade saker

Gör något som förvånar dig själv eller kanske till och med något som skrämmer dig lite grann.

Vad vet bara du!

31.

Bucket list

Gör en egen lista på saker du vill
göra, platser du vill se, maträtter
du vill prova och bocka av dem allt
eftersom och känn dig nöjd med att
nå dina mål.

Aktiviteter

32.

Vinterbada

Man behöver inte ha en bastu nära för att vinterbada. Varma och torra kläder och en termos kaffe eller te räcker gott. Det är så uppiggande med ett snabbt dopp i böljan den blå.

33.

Kolonilott

Se om det finns en kolonilott ledig.
Dela den med några vänner.
Eller gå bara en sväng på
koloniområdet för avkopplingen
bland odlarglädjen.

34.

Sök stiftelsemedel

Det finns ofantliga mängder pengar att söka, senaste uppskattningen ligger på 600 miljarder kronor, även för privatpersoner. Många stiftelser har som mål att stödja äldre.

Sök här:
www.stiftelsemedel.se/companylist och notera att språkbruket är ibland gammalmodigt, så använd sökord som "ålderstigna" och "lytta" utan att ta det personligt!

Aktiviteter

35.

Mata fåglarna

Ja, du läste rätt. Ta med bröd eller
frön ut i naturen och mata fåglarna
när det är kallt om vingen och svårt
för dem att hitta mat. Rogivande.
Och man mår bra av att göra gott.
Fåglarna i parken får mat ändå!

Aktiviteter

36.

Odla hydroponisk

Odla sallad och örter inomhus året runt. Sök på nätet på just "hydroponisk odling".

37.

Instagramma

Du kanske tycker att bloggande inte är för dig?
Skaffa ett konto på Instagram och lär dig hur
man följer andra, söker på hashtaggar och
precis bara sådant som du är intresserad av.

Hur fungerar hashtaggar # på Instagram?
Jo, sätt det här tecknet # framför ett ord, så
blir det en länk. Sen kan du klicka på ordet
och se vad alla andra hashtaggar under
samma ord.

Exempel: #sven - alla som har taggat sin bild
med "sven" eller kolla vad som skriva

om #krokom, #biffgryta eller #tagetes!

Aktiviteter

Kapitel 03. Ordning och reda

38.

Rensa ut

Behåll bara de saker som verkligen betyder något för dig. Eller ge helt enkelt bort dem till någon med en berättelse om vem du fick den av, som till exempel att den här ljusstaken fick vi i lysningspresent 1964.

Ordning och reda

39.

Sälj på loppis

Sälj dina saker på loppis. Du blir förhoppningsvis av med det mesta på en gång och får ett tillskott i kassan, samtidigt som du gör en god gärning för miljön med återbruk.

40.

Kläder

Rensa kläder: ge bort sälj och lär dig hur man säljer på nätet, som tex Tradera och Blocket.

41.

Fotografier

Sortera foton.
Skriv på baksidan vad motivet
föreställer plus ungefärligt årtal.

Ordning och reda

42.

Plocka skräp

Att plogga är att plocka skräp
medan man joggar. Men man
kan gå och plocka skräp. Ha
en påse med när du går i skogen
eller längs stranden och plocka
upp det du ser och kan ta upp.
Känns bra!

Ordning och reda

43

Fixa ett
perfekt garage

Gör fint i garaget.
Ge bort eller sälj dubbletter av
verktyg och ordna prylarna snyggt.

Ordning och reda

44.

Ordning i
hela huset

Läs om Kon Marie-metoden på nätet. Marie Kondo från Japan tipsar om hur man systematiskt rensar och sorterar i sitt hem. Det bygger på att ens saker ska glittra för en och att förvara alla saker av en sort på samma plats i huset. Harmoni i hemmet! Funkar för alla, men de flesta har inte tid att genomföra och avsluta det!

Ordning och reda

Kapitel 04. Hälsa och träning

45.

Skaffa
rätt utrustning

Se till att ha rätt skor om du vill ut och promenera mycket, kanske gåstavar eller en cykelhjälm om du cyklar mycket.

46.

Gå på gym

På förmiddagar är det ofta flest pensionärer på gymmet. Som nybörjare brukar du också ha rätt till en instruktör en eller ett par gånger. Sällan har man ångrat ett gympass!

47.

Gå ut och gå

Ta tiden och se om du förbättrar den. Eller ta med dig en vän eller en god ljudbok i lurarna.

Hälsa och träning

48.

Vattengympa

Bra för alla och belastar inte leder
så mycket som annan träning.

49.

Cykla

Knäpp på dig hjälmen och cykla en sväng och gör det till en vana att komma iväg med cykeln. Du kommer antagligen att uppskatta skiftningarna i väder, ljus och årstider - och även se människor med samma vanor och rutiner som du.

50.

Seniorträning

Kolla med tennisklubben, badminton-
klubben eller simklubben om de
har träning speciellt anpassad för
seniorer.

51.

Testa yoga

Alla kan testa yoga och även om
du är nybörjare så får du ut något
av redan första passet. Du står på
samma plats hela tiden under
passet och behöver inte oroa dig
att gå åt vänster när alla andra går
åt höger. Du behöver heller inte ha
tighta gymkläder.

Ofta får man prova en gång gratis.

52.

Gör ett hälsotest

Boka en tid på vårdcentralen och be om ett hälsotest och gör gärna det hyfsat regelbundet.

Hälsa och träning

53.

Dieter

Det finns ingen ultimat diet.
Däremot forskas det mycket och
trender kommer och går. Läs på
om till exempel LCHF (Low Fat
High Carb) om du råkar ha några
kilon extra och vad det kan betyda
för dig att ändra livsstil.

Hälsa och träning

Kapitel 05. Äta och dricka

54.

Starta en matklubb

Laga storkok och middag
tillsammans med vänner.
Laga tillräckligt mycket så att
ni kan ta med er matlådor hem:
lunch dagen efter. Nästa vecka
eller månad är ni hos någon annan.

Äta och dricka

55.

Laga trerätters mitt i veckan

Dela upp maträtter och arbets-
uppgifter men laga tillsammans.
Duka fint och klä er fina och ha en
väldigt trevlig kväll. Ha gärna ett
tema som 50-tals-mat, italiensk
mat eller kanske en Nobelmiddag
mitt i december.

Menyerna från föregående års
Nobelmiddagar går att hitta på
nätet och inspireras av.

Äta och dricka

56.

Måndagsfika

Gå på café varje måndag förmiddag. Fika dig eller er igenom stans alla café. Eller hemma hos varandra.

Äta och dricka

57.

Baka

Baka bröd och bullar.
Lär dig baka surdegsbröd
eller tacoskal.

Kapitel 06.
Jobb och
ekonomi

58.

Se över din ekonomi

Du har säkert gjort det innan, men lägg in dina siffror i ett Excel-dokument och testa lite olika alternativ med utgifter, för att se hur mycket du har att röra dig med framöver. Det är enklet att jobba med, men om du behöver hjälp kan du kanske kan be någon att göra ett sådant dokument.

59.

Se över dina avtal

Du kanske har varit kund så länge att du kan ringa och höra om de har ett bättre erbjudande för dig? Det är värt ett telefonsamtal! Det kanske är dags att byta mobilabonnemang också.

60.

Passa en hund

Att skaffa en egen hund kan vara mer bry än vad du vill ha och mäktar med. Därför kan det passa att en eller ett par gånger i veckan gå ut med låt säga grannens hund, när de är på jobbet eller någon som annonserar efter hundvakt. Lägg ut en förfrågan på Facebook eller sätt upp en lapp på annonstavlan i din mataffär.

Länk: www.care.com/sv-se/profiler/djurpassning

Jobb och ekonomi

61.

Passa hus

Passa grannens hus under deras semestervecka.
Eller lägg upp en annons på lokala annonstavlor på nätet om att du gärna passar hus och kanske även är hund- eller kattvakt?

Jobb och ekonomi

62.

Kolla pensionärsjobb

Det finns bemanningsföretag som specialiserat sig på just jobb för pensionärer.

63.

Flytta

Flytta till mindre boende: färre ytor att hålla ordning på, kanske mindre trädgård och framför allt lägre kostnader och pengar över till annat.

64.

Hyr ut ditt hus

Hyr ut ditt hus eller lägenhet medan du är bortrest - det kan finansiera delar av din resa! Kolla dock med hyresvärden så att det är ok.

Jobb och ekonomi

65.

Läxhjälp

Du kanske har varit fransklärare? Erbjuden timmes extra läxläsning, antingen i hemmet eller så kommer du till din elev.

66.

Hämta barn

Erbjud dig att hämta barnen från dagis och gå eller åka hem med dem. Det behöver inte vara mer än så: det är ändå guld värt för föräldrar. Hämta dina egna barnbarn eller kanske grannens barn.

67.

Och sist:
göra ingenting

Låt dig själv njuta av ögonblicket
att bara vara här och nu.

Ha det så roligt!

www.ingramcontent.com/pod-product-compliance
Lightning Source LLC
LaVergne TN
LVHW052038080426
835513LV00018B/2370